La Magie Noire Pakistanaise,
Les Secrets de la Terreur
TG

© 2025 T.G.

All rights reserved

ISBN : 978-2-3225-6191-9

Édition : BoD · Books on Demand,

31 avenue Saint-Rémy, 57600 Forbach, bod@bod.fr

Impression : Libri Plureos GmbH,

Friedensallee 273, 22763 Hamburg (Allemagne)

Dépôt légal : Janvier 2025

Introduction

Le Pakistan, une terre de traditions vibrantes, de diversité culturelle et de spiritualité profonde, est aussi un endroit où les pratiques anciennes et les superstitions persistent dans l'ombre. Parmi ceux-ci, le concept de magie noire – connu localement sous le nom de Kala Jadu – est l'un des aspects les plus intrigants et les plus redoutés du surnaturel. Enracinée dans un folklore séculaire, le mysticisme et les croyances religieuses, la magie noire occupe une place unique dans l'imaginaire collectif, où la frontière entre le mythe et la réalité s'estompe.

Dans ce livre, Black Magic in Pakistan, nous plongeons dans le monde énigmatique des rituels interdits, des malédictions chuchotées et des pratiques ésotériques qui ont été transmises de génération en génération. Des cimetières désolés où des silhouettes sombres accomplissent les rituels du Kabristan au glaçant Nazr-e-Bad (Mauvais Œil) qui peut démanteler la vie d'une personne d'un seul regard, les récits entourant la magie noire sont à la fois terrifiants et fascinants.

La magie noire au Pakistan est plus qu'un simple folklore ; Il reflète les peurs, les désirs et les luttes morales d'une société aux prises avec l'inconnu. Il sert de lentille pour explorer les thèmes de l'envie, de la vengeance et du pouvoir, ainsi que la façon dont les gens affrontent ou exploitent le surnaturel pour naviguer dans leur vie. Malgré les progrès modernes, ces croyances continuent de prospérer dans les chuchotements, les rassemblements secrets et les rituels clandestins, cachés de la lumière mais toujours présents dans les courants sous-jacents de la culture.

À travers des histoires méticuleusement conçues, des sorts et des inspirations du monde réel, ce livre explore les rituels et les légendes de la magie noire au Pakistan. Qu'il s'agisse des mystérieuses pratiques de Sifli Amal, des invocations obsédantes de Churail ou du dangereux Khooni Jadu (Magie du Sang), chaque chapitre dévoile une nouvelle dimension de cet art sombre et interdit.

Mais ce livre ne traite pas seulement de la peur. Il s'agit aussi de la résilience de ceux qui font face à ces défis – les victimes, les sceptiques et les guérisseurs spirituels qui cherchent à apporter de la lumière dans les ténèbres. Alors que nous naviguons à travers les contes et les rituels qui font froid dans le dos, nous nous interrogeons également sur le pouvoir de la croyance, le poids de la moralité et le coût ultime de l'utilisation de forces au-delà de l'entendement.

Histoire de la magie noire au Pakistan

La magie noire, ou Kala Jadu, a des racines profondes dans le paysage culturel et historique du Pakistan, s'entremêlant avec le folklore, les croyances religieuses et les pratiques sociétales. Sa présence est évidente dans divers événements, personnalités notables et reportages médiatiques qui mettent en évidence son influence durable.

La croyance en les forces surnaturelles et la pratique de la magie noire dans la région sont antérieures à la formation du Pakistan en 1947. Influencées par les traditions indigènes, le mysticisme islamique et les cultures voisines, ces pratiques ont évolué au fil des siècles. Dans les zones rurales, en particulier, la magie noire est souvent invoquée pour résoudre des griefs personnels, des problèmes de santé ou des problèmes financiers, reflétant une dépendance au surnaturel pour influencer les circonstances d'une personne.

Praticiens et événements notables

Tout au long de l'histoire du Pakistan, plusieurs individus ont acquis une notoriété pour leur association avec la magie noire.

Les médias pakistanais ont rapporté de nombreux incidents liés à la magie noire, soulignant son impact sur la société :

Événements familiaux tragiques : En 2015, un homme de la province du Sindh aurait tué ses cinq enfants, croyant que cet acte lui conférerait des pouvoirs magiques. Cet événement horrible souligne les extrêmes dangereux auxquels de telles croyances peuvent mener.

Décès d'enfants à Lahore : En 2002, un laitier de Lahore a perdu cinq de ses enfants dans des circonstances mystérieuses. La famille a attribué les décès à la magie noire, reflétant les peurs et les soupçons profondément enracinés associés à de telles pratiques.

Ces dernières années, les autorités ont découvert des groupes utilisant des plateformes comme YouTube pour promouvoir des services de magie noire. En 2022, un gang de Muzaffargarh a été arrêté pour avoir prétendu être expert en magie noire impliquant du sang et de la viande de hibou, exploitant les superstitions des gens à des fins financières.

L'influence de la magie noire imprègne divers aspects de la société pakistanaise :

De nombreuses personnes attribuent leurs malheurs personnels à la magie noire, ce qui conduit à une culture de la peur et de la suspicion. Cet état d'esprit peut aboutir à l'ostracisme social et, dans les cas extrêmes, à la violence contre les personnes accusées de pratiquer la sorcellerie.

Les émissions de télévision, les films et la littérature dépeignent souvent des thèmes de magie noire, reflétant et renforçant les croyances sociétales. Ces représentations peuvent perpétuer les stéréotypes et approfondir le mystère qui entoure la pratique.
La magie noire reste un aspect complexe et controversé de la société pakistanaise. Alors que certains y voient un moyen de résoudre des problèmes personnels par le biais d'une intervention surnaturelle, d'autres y voient une pratique néfaste qui exploite les personnes vulnérables. La persistance de la magie noire au Pakistan met en évidence la tension persistante entre les croyances traditionnelles et la modernité, soulevant d'importantes

questions sur le rôle de la superstition dans la vie contemporaine.

Ingrédients pour la magie noire au Pakistan

Sang

Souvent, du sang frais (humain ou animal) est utilisé pour des rituels nécessitant un lien fort avec la force vitale ou le sacrifice.

Sol de cimetière

La terre recueillie dans les tombes, en particulier les tombes fraîches, est considérée comme puissante pour invoquer des esprits ou invoquer des forces mortelles.

Fil noir

Utilisé pour lier, restreindre ou lier le destin d'une cible dans des sorts comme bandish (liaison).

Os ou dents d'animaux

Symbolisent la mort et sont utilisés dans les rituels pour invoquer les esprits ou pour ancrer les malédictions.

Effets personnels de la victime
Des objets tels que des cheveux, des ongles, des vêtements ou des photographies sont utilisés pour créer un lien direct avec la cible.

Bougie noire
Représente l'obscurité et l'énergie négative, souvent utilisées pour canaliser ou concentrer l'intention.

Piments (séchés ou frais)
Couramment utilisé dans les sorts pour causer du mal ou de la douleur, symbolisant l'énergie ardente.

Un miroir brisé
On pense que les miroirs ont un pouvoir sur les reflets et sont utilisés pour la manipulation ou les malédictions.

Sel
Alors que le sel est généralement utilisé pour se protéger, dans la magie noire, il est parfois utilisé pour aigrir les relations ou nuire à la fortune de quelqu'un.

Lait et miel
Offrande à des esprits ou à des entités surnaturelles en échange de leurs services.

Safran ou curcuma

Utilisé pour écrire des incantations ou dessiner des symboles dans les rituels. Ceux-ci sont mélangés à d'autres substances comme le sang ou l'eau.

Restes de sacrifices d'animaux
Des parties comme les plumes, la peau ou les entrailles sont parfois utilisées, en particulier dans les rituels les plus sombres.

Sang ou viande de hibou
Associés à une puissante magie noire, les objets liés aux hiboux sont considérés comme rares et puissants.

Sept petites pierres
Symbolisant des obstacles ou des barrages routiers, ceux-ci sont souvent utilisés dans les sorts d'obstruction.

Encre (à base de sang ou de fusain)
Encre spéciale utilisée pour écrire des talismans ou des inscriptions de malédiction, parfois mélangée à du sang de chèvre ou de poulet.

Tissu rouge et noir
Ces couleurs symbolisent respectivement la passion et l'obscurité et sont utilisées pour envelopper des objets maudits ou des talismans.

Fruits ou légumes pourris

Représentent la décadence et sont utilisés dans les sorts pour apporter le malheur ou la maladie.

Plumes ou os de corbeau

Associés aux présages et à la mort, les restes de corbeau sont utilisés dans l'invocation ou les malédictions.

Cendres de bois brûlé

Utilisé pour dessiner des symboles ou créer des cercles pour des rituels.

Objets en cuivre ou en fer

Des objets comme des clous, des épingles ou des pièces de monnaie sont utilisés pour « ancrer » un sort, en particulier dans la magie de cimetière.

Ces ingrédients sont liés aux croyances et aux rituels mystiques du folklore pakistanais. Bien que les objets eux-mêmes puissent sembler banals, leur combinaison et leur utilisation symbolique créent un air de peur et de mystère. Faites-moi savoir si vous souhaitez une explication plus détaillée de leur utilisation dans des sorts spécifiques !

Précautions

Avant d'essayer de lancer un sort de magie noire, voici les principales précautions et considérations :
Comprendre les conséquences : La magie noire peut se retourner contre lui, causant des dommages au lanceur de sorts si elle n'est pas exécutée correctement.
Soyez certain de l'intention : assurez-vous que votre objectif est clair et aligné avec l'énergie du sort : l'indécision peut affaiblir ou mal orienter les effets.
Protégez-vous : Utilisez des charmes protecteurs, des cercles de sel ou des prières pour vous protéger des réactions spirituelles.
Choisissez le bon moment : Effectuez des rituels à des moments précis, comme une nouvelle lune ou une lune décroissante, pour une puissance maximale.
Préparez-vous correctement : Rassemblez tous les ingrédients nécessaires et familiarisez-vous avec les étapes du rituel pour éviter les erreurs.
Cherchez la connaissance : étudiez les traditions et les risques du sort, car une mauvaise utilisation peut attirer des entités ou des énergies involontaires.

Respectez les limites spirituelles : Évitez de perturber les esprits ou les forces au-delà de votre compréhension, car ils pourraient se venger.

La magie noire ne doit pas être prise à la légère – ne procédez que si vous êtes pleinement préparé à gérer les résultats potentiels.

Rituel : « Hifazat-e-Rooh » (Protection de l'âme)

But:

Pour vous protéger de la magie noire et des énergies spirituelles nuisibles, en assurant votre bien-être physique, émotionnel et spirituel.

Ingrédients:

Sel de mer ou sel rose de l'Himalaya

Utilisé pour la purification et pour créer une barrière protectrice.

Eau douce

Représente le nettoyage et le renouveau.

Sept clous de girofle
On pense qu'il repousse les énergies négatives.

Bougie Blanche
Symbolise la lumière, la pureté et la protection spirituelle.

Un fil noir
Représente une limite pour bloquer les forces nuisibles.

Sainte Écriture ou prière
Récitez des versets ou des prières de votre foi, tels que le Coran ou d'autres prières protectrices.

Encens (bois de santal ou encens)
Purifie l'environnement et élimine l'énergie négative persistante.

Étapes rituelles :

1. Créez un espace sacré

Choisissez un endroit calme et non perturbé pour le rituel.
Nettoyez l'espace en brûlant de l'encens, en vous concentrant sur l'élimination de la négativité.

2. Préparez l'eau salée

Mélangez une poignée de sel dans un bol d'eau douce. Remuez l'eau dans le sens des aiguilles d'une montre, en visualisant le sel absorbant l'énergie nocive.

3. Allumez la bougie

Placez la bougie blanche devant vous et allumez-la, symbolisant la présence de la lumière et de la protection dans votre vie.

4. Placez les clous de girofle

Disposez les sept clous de girofle en cercle autour du bol d'eau salée.
Chaque clou de girofle représente une couche de protection.

5. Récitez une prière protectrice

Asseyez-vous calmement et récitez une prière protectrice, telle que :
« Bismillahi-lazi la yadurru ma'asmihi shay'un fil-ardi wa la fis-sama'i wa huwa as-sami'ul alim. »

(Traduction : « Au nom d'Allah, au nom duquel rien sur la terre ni dans les cieux ne peut nuire, et Il est l'Audient et l'Omniscient. »)

Répétez la prière sept fois en vous concentrant sur votre intention d'être protégé.

6. Marquez les limites

Trempez le fil noir dans l'eau salée et attachez-le autour de votre poignet ou de votre cheville. Visualisez-le formant une barrière contre les énergies nocives. Saupoudrez une petite quantité d'eau salée à l'entrée de votre maison ou sur vous-même pour sceller la protection.

7. Scellement final

Éteignez la bougie en remerciant la lumière pour sa protection.

Enterrez les clous de girofle dans de la terre à l'extérieur de votre maison pour ancrer l'énergie du rituel.

Conseils supplémentaires pour une protection quotidienne :

Portez des talismans de protection :

Gardez avec vous un taweez (amulette) ou un charme protecteur contenant des versets sacrés.

Évitez les endroits vulnérables :
Minimisez les visites aux cimetières ou aux lieux abandonnés sans préparation spirituelle.

Nettoyez régulièrement votre espace :
Brûlez de l'encens ou saupoudrez de l'eau salée autour de votre maison chaque semaine pour maintenir un environnement positif.

Renforcer les pratiques spirituelles :
La prière, la méditation et les actes de charité réguliers renforcent la force spirituelle et créent des défenses naturelles.

Conclusion:
Ce rituel Hifazat-e-Rooh et les pratiques quotidiennes peuvent protéger contre la magie noire tout en favorisant la paix intérieure et la résilience.

1. Kala Jadu (Magie noire)
Le terme général pour la magie noire, souvent craint de causer des dommages, des maladies ou une détresse mentale.

But:
Pour lier spirituellement la cible, causant un tourment mental, une faiblesse physique ou une soumission totale à la volonté du lanceur.

Effets sur la cible :
Détresse mentale : La cible éprouve des visions obsédantes, de l'insomnie et de la confusion.
Faiblesse physique : Fatigue, maladie inexpliquée et perte de force.
Soumission de la volonté : La cible a du mal à résister aux ordres du lanceur, ayant l'impression que son âme est « enchaînée ».
Ingrédients:
Bougie noire : Représente l'obscurité et l'intention du sort.

Saleté de cimetière : collectée dans une tombe fraîchement creusée pour symboliser le contrôle de la vie et de la mort.

Cheveux ou vêtements de la victime : lien physique avec la cible.

Fil Rouge : Utilisé pour « enchaîner » l'âme métaphoriquement.

Un bol noir : Pour contenir l'eau et les cendres.

Pétales de rose séchés : Représentant la pourriture et la vitalité défaillante.

Incantation:

En ourdou, le lanceur de sorts chante :

"Raat ki hawaon mein meri aawaz hai,
Mitti ki khushboo mein meri shikast hai,
Teri rooh, meri zanjeeron mein qaid hai,
Mujhe gawah banaya, Zanjir-e-Ruh ka faisla hai.

Traduction:

"Ma voix chevauche les vents de la nuit,
L'odeur de la terre porte mon triomphe,
Ton âme est piégée dans mes chaînes,

Témoignez-moi, car c'est là le décret des Chaînes de l'Âme.

Réalisation:
Préparation:
À minuit, le lanceur dessine un cercle avec de la terre de cimetière, le marquant avec des symboles ourdous pour « contrôle » et « liaison ».
Les cheveux ou la possession de la victime sont placés au centre du cercle, entourés du fil rouge.
Invocation:
Allumez la bougie noire et placez-la à côté du bol noir rempli d'eau et de cendres.
Brûlez les pétales de rose séchés tout en récitant l'incantation, en visualisant l'esprit de la cible piégé dans des chaînes rouges.
Rituel de liaison :
Lorsque le fil rouge est noué autour des cheveux ou de la possession de la victime, des nœuds sont faits, chacun avec un chant :
"Ek band, ek zanjeer. Do band, do zanjeer... (Un nœud, une chaîne. Deux nœuds, deux chaînes...)

Immergez l'article dans le bol et éteignez la bougie.

Conclusion:

Finalisation du sort : Le lanceur enterre le bol dans un endroit secret, s'assurant que le lien reste intact. Le tourment de la victime persistera jusqu'à ce que le bol soit déterré et que l'eau soit versée sur le sol consacré. Conséquences pour le lanceur : Le sort nécessite une énergie immense, laissant le lanceur épuisé physiquement et vulnérable aux représailles spirituelles si le sort est brisé prématurément.

2. Taweez Ganda

Des amulettes ou des charmes écrits censés causer du tort lorsqu'ils sont créés par un praticien malveillant.

But:

Maudire la cible en intégrant de l'énergie sombre dans un talisman (taweez), causant la maladie, le malheur ou la peur dans sa vie.

Effets sur la cible :

Maladie inexpliquée : La victime souffre de maux de tête, de douleurs corporelles et de symptômes fiévreux.

Troubles mentaux : Des accès soudains de paranoïa, des cauchemars vifs et une incapacité à se concentrer.

Malheur sans fin : Une série de malchance : perte de richesse, relations défaillantes et accidents.

Ingrédients:

Tissu noir : Utilisé pour envelopper le charme, symbolisant le secret et le mal.

Encre de sang de chèvre : On pense qu'elle améliore la puissance du sort lorsqu'elle est utilisée pour l'écriture.

Parchemin ou Papier : Pour inscrire la malédiction et sceller le destin de la cible.

Nom ou photo de la victime : Pour personnaliser la breloque.

Sept aiguilles : Représentant la douleur et la souffrance perçantes.

Cimetière : Pour lier le charme aux forces obscures.

Un fil teint au safran : Utilisé pour sceller le taweez.

Inscription pour le Taweez :

Le praticien écrit ce qui suit sur le parchemin en ourdou :
"Tere sirhane maut ka saya,

Tere qadam tale zaheen ka raaz,
Zindagi teri andheron ka shikaar,
Mera irada teri har saans par gawaah.

(Traduction :
"L'ombre de la mort plane sur ta tête,
Un piège de l'intellect se trouve sous vos pieds,
Ta vie sera la proie des ténèbres,
Ma volonté témoigne contre chaque respiration que tu prends.

Des symboles et des chiffres supplémentaires basés sur la numérologie traditionnelle sont dessinés pour amplifier la malédiction.

Réalisation:
Préparation:
Le rituel commence par une nuit sans lune, considérée comme idéale pour canaliser les énergies sombres.
Le praticien est assis isolé, entouré d'un cercle de terre de cimetière pour éloigner les esprits interférents.
Création du Taweez :

L'inscription est écrite à l'encre de sang de chèvre sur parchemin.
Le parchemin est plié serré, des aiguilles sont percées et il est enveloppé dans un tissu noir.
L'ensemble de la breloque est noué avec le fil teint au safran en sept nœuds.
Activation:
Le pratiquant chante le nom de la victime suivi de la malédiction :
« Tujh par who jo chhupa, Tujh par who jo dekha, Tujh par who jo anjaam hai ! »
(« C'est à toi ce qui est caché, à toi ce qui se voit, à toi ce qui est destiné ! »)
Le taweez est ensuite enterré près de la maison de la victime, sur son lieu de travail ou sous un arbre où ils passent souvent.
Conclusion:
Durée de la malédiction : Le sort continue d'affecter la cible jusqu'à ce que le taweez soit déterré et brûlé avec de l'eau bénite ou des récitations pour contrer la malédiction.

Conséquences pour le praticien : L'énergie de la création d'une telle amulette peut se retourner contre lui, entraînant un contrecoup spirituel ou un affaiblissement de leur force vitale si elle est mal exécutée.

Ce sort de Taweez Ganda pourrait servir d'élément clé de l'intrigue, conduisant peut-être à des révélations sur l'identité du pratiquant, ou à la lutte de la victime pour découvrir et briser la malédiction. Souhaitez-vous y intégrer d'autres éléments de conflit ou de résolution ?

3. Bandish (sort de liaison)

Un sort utilisé pour restreindre le succès, l'amour ou la progression des affaires.

But:

Bloquer le succès de la cible en amour, en affaires ou dans sa croissance personnelle en « enchaînant » métaphoriquement ses opportunités et en limitant son destin.

Effets sur la cible :

Stagnation professionnelle : les projets échouent, les affaires échouent et les perspectives de carrière disparaissent de manière inattendue.

Détresse émotionnelle : L'amour et les relations sont remplis de malentendus, de disputes ou de ruptures.

Barrières inexpliquées : La cible ressent une force invisible qui l'empêche d'atteindre ses objectifs, quels que soient ses efforts.

Ingrédients:

Bougie noire : Pour représenter la liaison et l'obscurité.

Verrous et chaînes : Symbolisant la restriction et le contrôle du destin de la cible.

Photographie ou nom écrit de la victime : Personnalise la malédiction en fonction d'un individu spécifique.

Fil noir : Pour créer des nœuds de restriction.

Citrons séchés : Traditionnellement, on pense qu'ils absorbent la négativité et améliorent la liaison.

Craie ou khôl (Surma) : Pour dessiner le cercle rituel.

Sol de cimetière : Utilisé pour ancrer la malédiction dans un lieu de calme et de silence.

Incantation:

En ourdou, le pratiquant chante :

« Nasib tera bandh hai,
Zindagi teri qaid hai,
Mohabbat se door, khushi se door,
Meri chaahat ke bandhan mein hai.

(Traduction :
« Ton destin est lié,
Ta vie est emprisonnée,
Loin de l'amour, loin de la joie,
Dans les chaînes de mon désir. »)

Réalisation:
Préparation:
Le rituel est effectué pendant une lune décroissante pour symboliser la réduction de la fortune de la cible.
Le praticien est assis à l'intérieur d'un cercle dessiné à la craie ou au khôl, entouré des ingrédients.
Rituel de liaison :
Placez la photographie ou le nom écrit de la cible au centre du cercle.
Enveloppez la photo ou le nom avec le fil noir, en faisant sept nœuds, chaque nœud symbolisant un aspect de leur

vie à restreindre (par exemple, l'amour, les affaires, la santé, le bonheur).

Placez le paquet attaché à l'intérieur d'une petite serrure, scellez-le et enveloppez-le dans des chaînes.

Activation de la malédiction :

Allumez la bougie noire et chantez l'incantation trois fois tout en vous concentrant sur le malheur de la cible.

Le cadenas et les chaînes sont enterrés à un carrefour ou cachés dans un endroit sombre et abandonné pour « lier » l'énergie et laisser la malédiction travailler.

Conclusion:

Briser le sort : La liaison ne peut être défaite qu'en trouvant la serrure et en la déverrouillant, suivie de rituels de purification tels que l'aspersion d'eau bénite ou la récitation de versets pour contrer la malédiction.

Conséquences pour le lanceur : L'exécution de ce sort peut drainer l'énergie du lanceur ou l'exposer à des représailles spirituelles si la cible recherche une intervention divine ou mystique.

4. Hatheli Ka Safar (Voyage dans les palmiers)
Une supposée capacité à « voyager » spirituellement pour infliger du mal à distance.

But:
Se projeter spirituellement dans l'environnement de la cible, permettant au lanceur d'influencer, de nuire ou d'espionner la victime sans présence physique.

Effets sur la cible :
Manipulation invisible : La victime a l'impression d'être observée ou contrôlée, ce qui conduit à la paranoïa.
Dommages physiques : Ecchymoses, égratignures ou douleurs aiguës soudaines sans cause visible.
Instabilité émotionnelle : La victime éprouve une peur, une tristesse ou une agression inexplicable.
Ingrédients:
Encre noire et plume : Utilisé pour dessiner le sceau de voyage de la paume.
Un bol d'eau stagnante : Agit comme un portail et reflète l'emplacement de la cible.

Objet personnel de la victime : Un vêtement, un bijou ou une photographie pour établir un lien spirituel.

Bois de santal ou myrrhe : Brûlé comme encens pour créer une atmosphère de projection spirituelle.

Éclat de miroir : Représente la connexion réfléchissante du lanceur à l'espace de la cible.

Incantation:

Le lanceur chante doucement en ourdou :

"Hatheli meri raah bane,

Nazar meri saaya bane,

Jahan tu hai, wahan main hoon,

Tujh se door, magar paas hoon.

(Traduction :

"Ma paume devient mon chemin,

Ma vue devient ton ombre,

Là où tu es, je suis là,

Loin de toi, mais proche.

Réalisation:

Préparation:

Choisissez une pièce silencieuse et sombre où personne ne dérangera le rituel.

Brûlez de l'encens au bois de santal ou à la myrrhe pour créer une atmosphère spirituelle concentrée.

Remplissez le bol d'eau plate et placez l'éclat de miroir au fond.

Dessiner le sceau :

À l'aide de l'encre noire, le lanceur dessine un sceau mystique sur sa paume, symbolisant une porte d'entrée pour un voyage spirituel.

Placez l'objet personnel de la cible à côté du bol d'eau.

Entrer dans l'état spirituel :

Le lanceur se concentre sur la victime, chantant l'incantation tout en fixant la surface du bol.

Au fur et à mesure que l'incantation se répète, le reflet de l'eau devient brumeux, laissant entrevoir l'environnement de la cible.

Infliger des dommages :

Le lanceur utilise sa paume marquée pour faire des gestes symboliques sur le reflet dans l'eau, imitant des actions qui se manifestent comme des dommages (par exemple, pincer, gratter).

Le lanceur visualise le mal comme si sa forme spirituelle était présente près de la cible.

Retour du voyage :

Pour conclure, le lanceur plonge sa paume marquée dans l'eau et efface le sceau, rompant ainsi la connexion.

Conclusion:

Rompre le lien : Si la victime soupçonne une manipulation spirituelle, elle peut briser le lien en nettoyant son espace avec de l'eau salée, en récitant des prières protectrices ou en trouvant et en brûlant l'objet personnel utilisé dans le rituel.

Conséquences pour le lanceur : L'utilisation répétée de Hatheli Ka Safar peut drainer l'esprit du lanceur, le laissant léthargique ou vulnérable aux contre-attaques de victimes spirituellement conscientes.

5. Auraton Ka Jadoo (Magie féminine)

Un stéréotype impliquant des femmes utilisant la magie noire pour contrôler leurs maris ou d'autres personnes.

But:

Enchanter et lier les émotions de la cible, en la forçant à tomber amoureuse, à rester fidèle ou à agir selon les désirs du lanceur.

Effets sur la cible :
Obsession inébranlable : La victime devient obsédée par le lanceur de sorts, pensant constamment à lui.
Soumission émotionnelle : La cible donne la priorité aux souhaits du lanceur plutôt qu'aux siens.
Attraction physique : Une attraction inexplicable vers le lanceur, conduisant à la dépendance ou à la dévotion.
Ingrédients:
Pétales de rose rouge : Symbolisant l'amour et la passion.
Miel : Utilisé pour « adoucir » les émotions de la cible envers le lanceur.
Une mèche de cheveux ou une coupe d'ongle : Objets personnels de la cible pour créer un lien magique fort.
Anneau d'argent : Représentant la pureté et la permanence du sort.
Mélange de lait et de safran : Utilisé pour activer l'énergie émotionnelle du sort.

Plat en cuivre : Pour contenir les ingrédients pendant le rituel.

Incantation:

Le lanceur murmure doucement en ourdou :

"Mera shab-o-roz tere saath hai,

Tere dil ki chaahat meri baat hai,

Mohabbat ka naqab tere dil par ho,

Meri talab mein tu qaid ho.

(Traduction :

"Mes nuits et mes jours sont avec toi,

Les désirs de ton cœur font écho à mes paroles,

Que le voile de l'amour tombe sur ton cœur,

Être emprisonné dans mon désir. »)

Réalisation:

Préparation:

Choisissez une soirée sous une lune croissante, qui est traditionnellement associée à la croissance et à l'attraction.

Placez le plat en cuivre sur un chiffon propre, entouré de pétales de rose.

Configuration du rituel :

Le fondeur verse le mélange de lait et de safran dans le plat.

Ajoutez la mèche de cheveux ou la coupe d'ongle de la cible, symbolisant son lien avec le sort.

Placez l'anneau d'argent dans le plat, représentant la connexion permanente entre le lanceur et la cible.

Chant et enchantement :

Tout en regardant dans le plat, le lanceur chante l'incantation à plusieurs reprises, visualisant les émotions de la cible attirées par eux.

Mélangez doucement le mélange avec les pétales de rose, en imaginant que le cœur de la cible s'entremêle aux désirs du lanceur.

Scellement du sort :

L'anneau d'argent est retiré, séché et porté par le lanceur pour maintenir la connexion du sort.

Le mélange restant est enterré sous un arbre en fleurs pour permettre au sort de « grandir ».

Conclusion:

Briser le sort : Le sort ne peut être annulé qu'en détruisant l'anneau d'argent ou en effectuant un rituel de purification avec du sel et du feu, coupant le lien magique.

Conséquences pour le lanceur : L'utilisation excessive d'Auraton Ka Jadoo peut entraîner un déséquilibre spirituel, où le lanceur devient émotionnellement dépendant de la cible ou risque d'attirer l'attention indésirable d'autres forces.

6. Nazr-e-Bad (Mauvais œil)

Bien qu'il ne s'agisse pas de la magie noire elle-même, on pense que certaines personnes utilisent intentionnellement leur « mauvais œil » pour nuire.

But:
Jeter un mauvais œil destructeur sur quelqu'un, causant de la malchance, une maladie ou des perturbations dans sa vie par le pouvoir de l'envie et de l'intention.

Effets sur la cible :

Faiblesse physique : Fatigue, maladies fréquentes et sentiment de mal-être.

Troubles émotionnels : Anxiété, paranoïa et sentiment persistant d'être observé.

Série de malheurs : Pertes financières soudaines, relations brisées ou accidents inexpliqués.

Ingrédients:

Kohl noir (Surma) : Représente « l'œil » et son pouvoir.

Cristaux de sel : Connus pour absorber et rayonner de l'énergie négative.

Un chiffon noir : Utilisé pour piéger la malédiction et concentrer l'intention.

Sept piments rouges séchés : On pense qu'ils canalisent une énergie ardente et nocive.

Photographie ou nom de la victime : Pour diriger la malédiction vers un individu spécifique.

Brûler du charbon de bois ou une flamme nue : Pour « allumer » la malédiction.

Incantation:

Le lanceur récite ceci en ourdou :

« Meri nazar, tera zahar,

Tere din andheron ke shikar,

Teri raah mein tootay sitare,
Nazr-e-Bad, tere upar sawaar.

(Traduction :
"Mon regard, ton poison,
Tes jours sont en proie aux ténèbres,
Des étoiles se dressent sur ton chemin,
Le mauvais œil vous couvre.

Réalisation:
Préparation:
Le rituel est mieux effectué au crépuscule, une période de transition et d'énergie accrue.
Le lanceur est assis dans la solitude, plaçant la photographie ou le nom écrit de la cible au centre d'un tissu noir.
Construire la malédiction :
Placez les cristaux de sel, les piments séchés et une petite noisette de khôl noir sur le tissu, entourant la représentation de la cible.

Chantez l'incantation trois fois tout en vous concentrant intensément sur la victime et en visualisant sa vie qui s'effiloche.

Allumer la malédiction :

Passez le chiffon noir sur le charbon de bois brûlant ou la flamme nue pour le « charger » d'énergie destructrice. Ensuite, le tissu est plié et enterré sous un buisson épineux ou jeté dans l'eau courante, symbolisant la libération de la malédiction dans la vie de la victime.

Conclusion:

Briser la malédiction : La victime peut se protéger en se baignant dans de l'eau salée, en portant des talismans protecteurs ou en récitant des contre-prières pour purifier les effets du mauvais œil. Ils doivent également identifier et supprimer la source de la malédiction si possible.

Conséquences pour le lanceur de sorts : L'utilisation de Nazr-e-Bad a un prix : elle draine l'énergie spirituelle du lanceur et risque de s'attirer des dommages similaires si la victime est protégée ou si la malédiction est annulée.

7. Possession par les djinns

L'acte d'invoquer des djinns (êtres surnaturels) pour posséder quelqu'un et lui faire du mal.

But:
Invoquer un djinn et lui ordonner de posséder ou d'influencer une cible, soit pour lui nuire, contrôler ses actions ou lui soutirer des secrets.

Effets sur la cible :
Tourment mental : La cible éprouve de la confusion, des hallucinations et un comportement erratique.
Changements physiques : Ecchymoses, brûlures ou fluctuations soudaines de température dans leur corps.
Perte d'autonomie : La victime agit contre sa propre volonté, influencée par la présence du djinn.
Ingrédients:
Fusain et cendre : Pour dessiner le cercle d'invocation.
Encens ou Oud : Brûlé pour attirer les djinns.
Une mèche de cheveux ou un objet personnel : Appartenant à la cible pour lier l'influence des jinns à celle-ci.
Une plume noire : Représente la forme éthérée du djinn.

Sept gouttes de sang : Du lanceur pour sceller le pacte.

Une dague en cuivre : Utilisée pour canaliser l'énergie pendant le rituel.

Incantation:

Le lanceur appelle les djinns avec ce chant en arabe-ourdou :

"Ya malaika-e-hawa,

Teri khidmat mein yeh iltija,

Sun meri sada, utar meri baat,

Is rooh ko qaabil bana !

(Traduction :

« Ô ange du ciel,

Je plaide pour votre service,

Entendez ma voix, obéissez à ma volonté,

Possédez cette âme et faites-la mienne !

Réalisation:

Préparation:

Le rituel doit être effectué à minuit dans un endroit isolé, de préférence près d'un cimetière ou d'un champ désolé.

Le lanceur dessine un cercle d'invocation avec du charbon de bois et de la cendre, inscrivant des symboles pour invoquer les djinns.

Invocation des djinns :

Brûlez l'encens ou le oud pour créer une atmosphère aromatique qui attire les entités spirituelles.

Placez la plume noire et la mèche de cheveux ou l'objet personnel de la cible au centre du cercle.

Coupez la paume du lanceur avec la dague en cuivre, laissant sept gouttes de sang tomber sur l'objet.

Commandant les djinns :

Récitez l'incantation à plusieurs reprises tout en vous concentrant sur l'image de la cible dans l'esprit du lanceur.

L'air devient lourd et le djinn se manifeste sous la forme d'une présence ténébreuse à l'intérieur du cercle.

Le lanceur donne au djinn son ordre : posséder la cible, chuchoter des instructions ou créer le chaos dans leur vie.

Scellement du pacte :

Le lanceur doit promettre une offrande (par exemple, de l'encens, de la nourriture ou une tâche future) au djinn pour s'assurer de l'obéissance.

Pour finaliser, le lanceur éteint l'encens et enterre les cheveux/objets personnels sous un arbre près de la maison de la cible.

Conclusion:

Briser la possession : La victime peut être libérée par un exorcisme impliquant des prières, de l'eau bénite ou des récitations par un chef spirituel. Détruire l'objet enterré affaiblit également l'influence des djinns.

Conséquences pour le lanceur de sorts : Invoquer un djinn est risqué. Si le pacte est rompu ou si l'offrande n'est pas accomplie, le djinn peut se retourner contre le lanceur, causant des dommages spirituels et physiques.

8. Maroond (sort de mort)

Une pratique redoutée de maudire quelqu'un jusqu'à la mort ou une maladie en phase terminale.

But:

Invoquer des forces obscures pour infliger des dommages mortels à une cible, soit en provoquant une maladie, des accidents ou un effondrement spirituel complet.

Effets sur la cible :
Déclin physique : Maladie rapide, faiblesse et détérioration de la santé sans explication médicale claire.
Effondrement mental : Cauchemars, paranoïa et un sentiment croissant de malheur imminent.
Mort non naturelle : Une mort mystérieuse et soudaine par des moyens introuvables, ne laissant aucune trace d'acte criminel.
Ingrédients:
Saleté de cimetière : Collectée dans une tombe fraîchement creusée, symbolisant un lien avec la mort.
Bougie noire : Représente l'extinction de la vie de la cible.
Un fragment d'os : D'un petit animal, symbolisant le transfert de la vie.
Photographie ou nom de la victime : Pour diriger le sort vers la personne visée.

Sept plumes noires : Représentant les ailes de la mort.

Un bol de sang (animal) : Utilisé pour sceller le sort.

Une pierre d'obsidienne : On pense qu'elle absorbe l'énergie vitale.

Incantation:

Le lanceur chante en ourdou :

« Saaya-e-maut, mere irade ka naam,

Teri saansien ghat rahi hain, teri jaan meri mutthi mein hai,

Raat ke tarey gawah rahein, tera anjaam likha gaya hai.

(Traduction :

« L'ombre de la mort, au nom de mon intention,

Tes souffles s'estompent, ta vie est à ma portée,

Que les étoiles de la nuit en témoignent, ta fin est écrite.

Réalisation:

Préparation:

Le sort doit être exécuté sous une nouvelle lune, où les ténèbres règnent en maître.

Le lanceur crée un cercle de terre de cimetière et place la pierre d'obsidienne au centre.

Construction du sort de mort :

La photographie ou le nom de la victime est placé à l'intérieur du cercle, entouré des plumes noires et du fragment d'os.

Le bol de sang animal est placé à côté de la bougie noire, qui est allumée pour symboliser la vie déclinante de la cible.

Chant de l'incantation :

Le lanceur tient la pierre d'obsidienne et se concentre sur la victime, répétant l'incantation trois fois.

Chaque fois que l'incantation est prononcée, le lanceur trempe la pierre dans le bol de sang, symbolisant la force vitale qui s'éloigne de la cible.

Sceller la malédiction :

La photographie ou le nom est brûlé dans la flamme de la bougie noire, et les cendres sont mélangées à la terre du cimetière.

Le mélange est dispersé à un carrefour ou enterré près de la maison de la victime pour déclencher le sort.

Conclusion:

Briser le sort : Le sort de mort ne peut être annulé qu'en localisant et en détruisant la saleté et les cendres enterrées tout en effectuant un contre-rituel avec de l'eau sacrée ou des prières.

Conséquences pour le lanceur de sorts : La magie de la mort est périlleuse. S'il n'est pas correctement exécuté ou interrompu, le lanceur risque d'attirer les forces de la mort sur lui-même, ce qui entraîne des dommages spirituels ou physiques.

9. Sifli Amal (Magie basse)

Un rituel sombre pour atteindre des fins destructrices ou malveillantes.

But:

Invoquer des esprits bas ou des énergies sombres pour blesser ou manipuler une cible, souvent pour se venger, par cupidité ou pour contrôler. Il est considéré comme dangereux et moralement corrompu, même par les praticiens de la magie.

Effets sur la cible :

Oppression spirituelle : La victime ressent une présence lourde et invisible qui draine son énergie et sa volonté.

Malheur implacable : Une série de malchance, de ruines financières ou d'accidents causés par les esprits invoqués.

Désarroi mental : Cauchemars, paranoïa et incapacité à penser clairement ou à prendre des décisions rationnelles.

Ingrédients:

Poussière de charbon de bois : Représente la nature « basse » ou terrestre du sort.

Os d'animaux : Symbolise la mort et la connexion aux énergies sombres.

Effets personnels de la victime : Un objet personnel pour diriger le sort.

Sept branches épineuses : Utilisé pour « percer » les défenses spirituelles de la victime.

Fruit pourri : Représente la décomposition et la corruption dans la vie de la cible.

Fil Noir : Utilisé pour lier la puissance du sort.

Un pot d'argile : Pour contenir l'essence du sort.

Incantation:

Le lanceur murmure en ourdou :
"Zameen ka saaya uth raha hai,
Raat ke andheron mein tera naam hai,
Tere naseeb ka raasta bandh hai,
Meri khwahish ka faisla hai.

(Traduction :
« L'ombre de la terre se lève,
Ton nom est dans l'obscurité de la nuit,
Le chemin de votre destin est bloqué,
C'est le décret de mon désir.

Réalisation:
Préparation:
Le sort est effectué à minuit, idéalement près d'un cimetière ou d'une zone désolée où les énergies faibles sont considérées comme les plus fortes.
La roulette crée un petit cercle avec de la poussière de charbon de bois et place le pot en argile en son centre.
Construire la malédiction :

Les effets personnels de la victime sont placés à l'intérieur du pot en argile, avec des os d'animaux et des fruits pourris.

Les branches épineuses sont disposées autour du pot, symbolisant le piège spirituel pour la victime.

Lier la magie :

Enroulez le fil noir autour du pot tout en chantant l'incantation, en faisant des nœuds pour sceller l'intention du sort.

Chaque nœud représente un aspect de la vie de la victime à affecter (ex. : santé, amour, richesse).

Libérer l'énergie :

Le pot est enterré dans un endroit important pour la victime (p. ex., sa maison, son lieu de travail ou un endroit fréquenté).

Au fur et à mesure que le pot d'argile se dégrade, la malédiction prend pleinement effet, répandant le malheur sur la cible.

Conclusion:

Briser le sort : La victime doit localiser et déterrer le pot d'argile. Le détruire, en particulier par le feu, peut annuler la malédiction. Des prières, des rituels et une purification à l'eau salée sont également nécessaires pour purifier l'énergie persistante.

Conséquences pour le lanceur de sorts : Sifli Amal court un risque élevé de retour de bâton spirituel. Si les esprits invoqués sont mécontents ou si le sort est interrompu, le lanceur peut faire face à la malchance ou à la possession.

10. Invocation de Churail

Invocation d'un démon ou d'un esprit féminin mythique pour hanter ou nuire à quelqu'un.

But:

Pour invoquer un Churail, un esprit féminin malveillant, pour hanter, blesser ou se venger d'une cible. Ce rituel est périlleux, car le Churail peut se retourner contre l'invocateur s'il n'est pas correctement contrôlé.

Effets sur la cible :

Hantise physique : La cible éprouve des sensations glaciales, des égratignures ou des ecchymoses sans source apparente.

Tourment mental : Cauchemars, chuchotements dans le noir et peur croissante d'être observé.

Terreur implacable : Le Churail provoque des accidents, des maladies ou des phénomènes bizarres pour affaiblir la détermination de la cible.

Ingrédients:

Un miroir brisé : Symbolisant l'esprit fracturé du Churail.

Sol de cimetière : Recueilli sur la tombe d'une femme décédée dans des circonstances tragiques.

Une mèche de cheveux : Appartenant à l'invocateur pour établir la connexion.

Offrande de sang : Quelques gouttes du sang de l'invocateur pour sceller le pacte.

Une bougie noire : Représentant la présence sombre du Churail.

Fil d'argent : Utilisé pour lier temporairement le Churail à la volonté du lanceur de sorts.

Incantation:

L'invocateur chante en ourdou :

"Churail jo chhupi raat ke saye mein,

Tere gham ka zakhm tujhe pukarta hai,

Suno meri sada, aao meri baat,
Tera ghussa, meri talash ka anjam hai.

(Traduction :
"Churail caché dans l'ombre de la nuit,
La blessure de ton chagrin t'appelle,
Entendez ma voix, venez à mes paroles,
Votre colère remplit mon but.

Réalisation:
Préparation:
L'invocateur effectue le rituel à minuit, près d'un cimetière ou d'un lieu associé à la mort et au chagrin. Un miroir brisé est placé au centre d'un cercle dessiné avec de la terre de cimetière, et la bougie noire est allumée à côté.
Invocation du Churail :
L'invocateur se pique le doigt et laisse tomber quelques gouttes de sang sur le sol tout en récitant l'incantation. La mèche de cheveux est attachée avec le fil d'argent et brûlée à la flamme de la bougie, symbolisant le pacte de l'invocateur avec le Churail.

Manifestation:

Au fur et à mesure que l'invocation progresse, l'air devient lourd et de faibles murmures ou ombres peuvent apparaître. Le miroir brisé peut se fissurer davantage, indiquant la présence du Churail.

L'invocateur prononce le nom de la cible et ordonne au Churail de la hanter, liant temporairement l'esprit avec le fil d'argent.

Scellement du rituel :

L'invocateur éteint la bougie et le Churail est déchaîné. Le miroir brisé doit être enterré sous un arbre épineux près de la maison de la cible pour maintenir la concentration du Churail.

Conclusion:

Briser l'invocation : La cible peut être libérée en exorcisant le Churail avec des prières sacrées, en détruisant le miroir enterré et en purifiant la zone avec de l'eau salée ou de l'encens béni.

Conséquences pour l'invocateur : Invoquer un Churail est extrêmement dangereux. Si le fil d'argent se brise ou si le rituel est incomplet, le Churail peut se retourner contre l'invocateur, cherchant à se venger ou consommant sa force vitale.

11. Aks Ka Jadoo (Magie du miroir)
Utilisation de miroirs pour effectuer des sorts ou des malédictions visant à renverser la fortune de quelqu'un.
But:
Utiliser un miroir comme moyen de lancer des malédictions ou d'influencer une cible en manipulant son reflet, en la liant à la volonté du lanceur ou en lui infligeant des dommages.

Effets sur la cible :
Confusion émotionnelle : La victime se sent déconnectée de son environnement, comme si son reflet la « regardait ».
Symptômes physiques : Faiblesse inexpliquée, étourdissements ou changements visibles dans leur reflet (par exemple, silhouettes sombres, fissures).

Manipulation comportementale : La victime commence à se comporter bizarrement, agissant selon les désirs du lanceur sans s'en rendre compte.

Ingrédients:

Un miroir à main : Le principal conduit de la magie.

Poudre d'argent : Symbolisant la nature réfléchissante du sort.

Photographie ou mèche de cheveux de la victime : Pour lier son reflet au miroir.

Tissu noir : Utilisé pour couvrir le miroir pendant le rituel.

Sept gouttes d'encre : Pour représenter la corruption de l'image de la cible.

Bougie rouge : Représente l'intention du lanceur (amour, vengeance, contrôle).

Incantation:

Le lanceur récite en ourdou :

"Aks mein tere naseeb ka raaz hai,

Aks mein meri chaahat ka saaz hai,

Tera zindagi ka har safa,

Meri marzi ke gehre paani mein hai.

(Traduction :
"C'est dans ton reflet que réside le secret de ton destin,
Dans ton reflet joue la mélodie de mon désir,
Chaque page de votre vie,
S'enfonce maintenant dans les eaux profondes de ma volonté.

Réalisation:
Préparation:
Le rituel est effectué dans une pièce faiblement éclairée, avec la bougie rouge placée devant le miroir.
Le lanceur pose la photographie ou la mèche de cheveux de la victime à la base du miroir et saupoudre de poudre d'argent sur la surface du miroir.
Corrompre le reflet :
Le lanceur de sorts laisse tomber les sept gouttes d'encre sur le miroir, une à la fois, tout en récitant l'incantation.
Chaque butin représente un aspect différent de la vie de la cible à contrôler (par exemple, la santé, l'amour, la richesse).
Liaison de la cible :

Le lanceur utilise le tissu noir pour couvrir le miroir, scellant la malédiction ou l'enchantement.

Le miroir est ensuite stocké dans un emplacement caché, ce qui garantit que la connexion à la cible reste intacte.

Finalisation du sort :

Pour compléter le rituel, le lanceur se regarde brièvement dans le miroir tout en imaginant la vie de la victime consumée par son intention. La bougie rouge s'éteint par la suite.

Conclusion:

Briser le sort : La victime ou un sauveteur peut annuler la magie en trouvant le miroir caché et en le nettoyant avec de l'eau salée, puis en le brisant. La récitation de prières protectrices près des morceaux brisés permet de rompre le sortilège.

Conséquences pour le lanceur de sorts : L'utilisation prolongée de la magie miroir peut se retourner contre lui. Le lanceur peut être hanté par des reflets déformés ou perdre le contrôle de sa propre image, risquant ainsi la folie ou le mal.

12. Rituels du Kabristan (magie du cimetière)
Pratiques impliquant des cimetières pour mener de puissants rituels de magie noire.

But:
Pour appeler les esprits du cimetière à exécuter une malédiction, à fournir une protection ou à accorder des connaissances interdites. Ce rituel est dangereux, car il implique de négocier avec des âmes agitées.

Effets sur la cible :
Maudit Malheur : Les esprits sont envoyés pour tourmenter la cible par la maladie, les accidents ou la peur.
Présence obsédante : La cible ressent une présence oppressante dans son environnement, fait des cauchemars et voit des apparitions.
Chance coupée : Les esprits bloquent la progression de la cible dans ses efforts personnels et professionnels.
Ingrédients:
Sol de cimetière : Recueilli dans une tombe fraîchement creusée.

Une lanterne ou une bougie noire : Pour guider les esprits pendant le rituel.

Os ou dents d'animaux : Représenter la mort et ancrer le rituel.

Nom de la victime Écrit sur le parchemin : Pour diriger les esprits vers la cible.

Un petit bol de lait et de miel : une offrande pour apaiser les esprits.

Un clou en fer rouillé : On pense qu'il lie les esprits à la cible.

Incantation:

Le lanceur chante en ourdou :

"Aye roohon ke baasi, kabristan ke rakhwale,

Sun meri sada aur uth meri chaahat ke saath,

Uska naseeb bandh, uski rahein modh,

Ruhon ka ehad ab poora ho.

(Traduction :

« Ô habitants des âmes, gardiens du cimetière,

Entends mon appel et lève-toi avec mon désir,

Scelle leur destin, tord leurs chemins,

Le pacte des âmes est maintenant accompli.

Réalisation:

Préparation:

Le rituel est effectué à minuit dans le cimetière, un moment où l'activité spirituelle est considérée comme la plus forte.

Le lanceur est assis au centre d'un cercle fait de terre de cimetière, avec la lanterne ou la bougie noire placée devant lui.

Invocation des esprits :

Le lanceur place les os de l'animal, le nom de la victime sur du parchemin et le bol de lait et de miel à l'intérieur du cercle.

Tout en chantant l'incantation, ils versent une poignée de terre de cimetière sur le parchemin, symbolisant le lien entre les esprits et la cible.

Scellement du pacte :

Le clou en fer rouillé est enfoncé dans le sol à travers le parchemin, « liant » les esprits à la cible.

Le lanceur éteint la bougie ou la lanterne, signalant aux esprits de commencer leur travail.

Offrande aux esprits :

Pour éviter les représailles, le lanceur laisse le lait et le miel au pied d'une tombe, en remerciant les esprits pour leur service.

Conclusion:

Briser le rituel : La malédiction ne peut être brisée qu'en localisant le clou et le parchemin enterrés, en les enlevant et en purifiant le site avec de l'eau bénite ou du sel. Une prière pour la paix des esprits est également requise.

Conséquences pour le lanceur de sorts : La magie du cimetière est intrinsèquement risquée. Si les esprits sont mécontents de l'offrande ou si le rituel est perturbé, ils peuvent se retourner contre le lanceur de sorts, le hanter ou lui faire du mal.

13. Rukhawat (sort d'obstruction)

Rituels visant à créer des obstacles dans la vie personnelle ou professionnelle d'une personne.

But:

Créer des obstacles invisibles dans la vie de la cible, l'empêchant d'atteindre ses objectifs ou de trouver le bonheur.

Effets sur la cible :
Stagnation professionnelle : occasions manquées, projets échoués ou conflits sur le lieu de travail.
Frustration émotionnelle : Malentendus constants dans les relations, conduisant à des sentiments d'isolement.
Blocages physiques : Retards inexpliqués, accidents ou défaillances répétitives dans la vie quotidienne.
Ingrédients:
Une clé brisée : Symbolisant les chemins bloqués et les opportunités verrouillées.
Fil noir : Représente la liaison et la restriction.
Photographie ou nom écrit de la victime : Pour diriger le sort vers la cible.
Sept petites pierres : Placées comme des « barrages routiers » spirituels.
Sol de cimetière : Pour ancrer le sort dans la stagnation.
Un bol de vinaigre : Symbolisant l'aigreur de la fortune de la cible.

Incantation :
Le lanceur murmure en ourdou :
"Teri raah band, tera qadam rukha,
Teri khushi mere irade ka shikar hai,
Har mor, har safa, rukhawat ka faisla hai.

(Traduction :
« Ton chemin est scellé, tes pas arrêtés,
Ton bonheur est la proie de mon intention,
À chaque tournant, à chaque page, l'obstruction est décrétée.

Réalisation :
Préparation :
Le sort doit être exécuté une nuit où la lune est décroissante, symbolisant la diminution des progrès. Le lanceur dessine un petit cercle avec de la terre de cimetière et y place la clé cassée et les pierres.
Construction de l'obstruction :
La photographie ou le nom de la victime est enveloppé dans du fil noir, chaque nœud étant noué pendant la récitation de l'incantation.

Au fur et à mesure que les nœuds sont noués, le lanceur visualise des domaines spécifiques de la vie de la victime qui sont bloqués (par exemple, la carrière, l'amour, les voyages).

Activation du sort :

La photographie ou le nom emballé est placé dans le bol de vinaigre avec la clé cassée.

Le lanceur disperse les petites pierres dans des endroits importants pour la victime (par exemple, près de sa maison, de son lieu de travail ou des chemins qu'elle emprunte fréquemment).

Finalisation du rituel :

Le bol de vinaigre est enterré sous un arbre ou caché dans un endroit sombre pour permettre au sort d'obstruction de faire pleinement effet.

Conclusion:

Briser le sort : La victime peut annuler le sort en trouvant et en récupérant le bol et les pierres enterrés. Les purifier avec de l'eau salée ou du feu, suivi de prières pour la protection, brisera la malédiction.

Conséquences pour le lanceur : L'utilisation prolongée de sorts d'obstruction peut entraîner des répercussions karmiques, causant des retards ou des malheurs dans la vie du lanceur lorsque l'énergie rebondit.

14. Saza-e-Kabira (Malédiction du péché majeur)
Une croyance que certains péchés majeurs sont manipulés en malédictions ou en malédictions par les pratiquants.

But:
Faire appel à des forces surnaturelles pour punir quelqu'un d'avoir commis un péché perçu comme majeur, comme la trahison, la cupidité ou le déshonneur.

Effets sur la cible :
Tourment spirituel : La cible éprouve de la culpabilité, de la peur et de la paranoïa, comme si son âme était jugée.
Châtiments corporels : Maladies soudaines, blessures ou autres malheurs attribués à une intervention divine ou mystique.

Exposition publique : Des secrets ou des péchés sont révélés de manière humiliante, provoquant l'ostracisme social ou la ruine.

Ingrédients:

Un Tissu Blanc : Symbolisant la pureté, qui est « tachée » pendant le rituel.

Cendres : Représentant la destruction de l'équilibre spirituel de la cible.

Sept pierres noires : Pour peser l'âme de la cible contre son péché.

Une plume d'un corbeau : Associé au jugement et à la mort.

Nom de la victime écrit sur parchemin : Pour personnaliser la malédiction.

Un bol d'eau salée : Symbolisant les larmes et la colère du divin.

Incantation:

Le lanceur invoque en ourdou :

"Aasmaan ka azaab, zameen ka inteqam,

Gunahon ka toofan, ab tera naam,

Saaf dil ka kehar ab tujhe bhogna hai,

Saza-e-kabira tera muqaddar hai.

(Traduction :

« La colère des cieux, la vengeance de la terre,

La tempête des péchés porte maintenant ton nom,

La fureur des cœurs purs, tu dois maintenant endurer,

La malédiction du péché majeur est votre destin.

Réalisation:

Préparation:

Le rituel doit être effectué à ciel ouvert, de préférence pendant une tempête ou un vent fort pour symboliser la colère divine.

Le lanceur crée un petit cercle à l'aide de cendres, en plaçant le bol d'eau salée en son centre.

Invoquer la malédiction :

Le parchemin avec le nom de la victime est posé sur le tissu blanc.

Le lanceur dépose les pierres noires sur le parchemin tout en récitant l'incantation, imaginant le poids des péchés de la cible écrasant son esprit.

Canaliser la colère divine :

La plume de corbeau est trempée dans l'eau salée et utilisée pour saupoudrer des gouttes sur le parchemin et les pierres.

Le lanceur murmure à haute voix le péché de la cible, faisant appel à des forces divines ou surnaturelles pour la juger et la punir.

Sceller la malédiction :

Le tissu blanc est brûlé avec le parchemin et les pierres à l'intérieur, symbolisant le destin de la cible scellé. Les cendres sont dispersées dans le vent pour libérer la malédiction.

Conclusion:

Briser la malédiction : La malédiction ne peut être levée que par un repentir sincère de la cible, suivi de prières ou de rituels menés par un guérisseur spirituel ou une autorité religieuse.

Conséquences pour le lanceur : Invoquer des forces aussi puissantes risque également d'entraîner un jugement divin sur le lanceur, surtout si la malédiction est jugée injuste ou utilisée à des fins personnelles.

15. Khooni Jadu (Magie du sang)

Utiliser le sang dans des rituels pour invoquer des esprits ou infliger de graves dommages.

But:
Pour invoquer des esprits, manipuler le destin ou infliger des dommages en canalisant la force vitale contenue dans le sang. Ce sort est extrêmement dangereux et nécessite de la précision, car même une petite erreur peut avoir des conséquences dévastatrices pour le lanceur.

Effets sur la cible :
Dommages physiques : La cible subit des blessures soudaines, des maladies ou de l'épuisement lorsque sa force vitale est épuisée.
Hantise spirituelle : Les esprits invoqués tourmentent la cible, provoquant des cauchemars, des chuchotements et des phénomènes étranges.
Soumission complète : La cible devient liée à la volonté du lanceur, perdant son autonomie ou sa capacité à résister.
Ingrédients:

Sang frais : Tiré du lanceur ou d'une victime, symbolisant la force vitale et le sacrifice.

Une dague ou une lame : Utilisée pour faire couler le sang et concentrer l'intention du sort.

Bol Noir ou Calice : Pour contenir le sang et amplifier son énergie.

Un fragment d'os : Représente les esprits invoqués ou les forces mortelles.

Effets personnels de la victime : Une mèche de cheveux, une photographie ou un objet personnel pour lier la magie à la cible.

Trois bougies noires : représentant le pouvoir, le contrôle et les ténèbres.

Sol du cimetière : Lié au royaume des esprits et utilisé pour ancrer le sort.

Un miroir : pour refléter l'intention du lanceur et diriger la malédiction.

Incantation:

Le lanceur chante en ourdou :

"Khoon ka har qatra, saza ka har izhaar,

Teri rooh mere irade ki zanjeeron mein qaid hai,

Maut ke dehleez ke darwaze khule hain,

Khoon-e-bandhan ab poora ho.

(Traduction :
« Chaque goutte de sang, chaque déclaration de punition,
Ton âme est liée dans les chaînes de mon intention,
Les portes du seuil de la mort sont ouvertes,
Le lien du sang est maintenant terminé.

Réalisation:
Préparation:
Effectuez le rituel à minuit dans un endroit sombre et isolé, de préférence près d'un cimetière ou d'un autre site d'énergie spirituelle.
Disposez les trois bougies noires en un motif triangulaire avec le bol noir au centre.
Offrande de sang :
Le lanceur se coupe la paume ou le doigt avec la dague, permettant au sang frais de s'écouler dans le bol noir.
Ajoutez la terre du cimetière et le fragment d'os au sang, en le remuant avec la dague tout en chantant l'incantation.
Liaison de la cible :

Placez les effets de la victime dans le mélange de sang, symbolisant le lien entre la cible et le sort.

Utilisez le miroir pour refléter le sang et les bougies tout en visualisant la souffrance ou la soumission de la cible.

Scellement du sort :

Le lanceur éteint les cierges un à un en chantant avec chacun :

« Raah band, rooh qaid, irada poora. »

(Chemin fermé, âme liée, intention accomplie.)

L'objet ensanglanté est enterré dans le cimetière ou brûlé dans un feu rituel pour finaliser la malédiction.

Conclusion:

Briser le sort : La cible peut briser la malédiction en détruisant l'objet enterré ou brûlé, en nettoyant son aura avec de l'eau salée et en cherchant à se protéger par des prières ou des rituels spirituels.

Conséquences pour le lanceur de sorts : La magie du sang fait payer un lourd tribut au lanceur. Ils peuvent éprouver une faiblesse physique, des cauchemars ou même être hantés par les esprits qu'ils ont invoqués si le sort se retourne contre eux ou si l'offrande est jugée insuffisante.

Le rôle des djinns dans la magie noire

Dans la théologie islamique, les djinns sont des êtres surnaturels créés par Allah à partir d'un feu sans fumée, distincts des humains (créés à partir d'argile) et des anges (créés à partir de la lumière). Leur création est mentionnée dans le Coran, en particulier dans la sourate Al-Hijr (15:27) :
« Et le djinn que Nous avons créé auparavant à partir d'un feu brûlant. »

Les djinns possèdent un libre arbitre, tout comme les humains, ce qui leur permet de choisir entre le bien et le mal. Cette double nature est soulignée dans les textes islamiques, où certains djinn sont dépeints comme bienveillants et obéissants à Allah, tandis que d'autres sont malveillants et rebelles, souvent appelés shayateen (démons).

Principales caractéristiques:

Invisibilité : Les djinns sont généralement invisibles à l'œil humain, mais peuvent prendre des formes physiques, apparaissant sous la forme d'humains, d'animaux ou d'ombres.

Longévité : Ils ont une durée de vie plus longue que les humains, existant sur plusieurs générations.

Capacités : Les djinns possèdent des capacités au-delà des capacités humaines, telles que parcourir de grandes distances instantanément, soulever des objets lourds ou influencer les pensées humaines.

Vulnérabilité au contrôle : On dit que des individus qualifiés, tels que des prophètes ou des mystiques, contrôlent les jinns par la permission divine ou la connaissance mystique.

Le Coran raconte des histoires de djinns interagissant avec les humains, notamment dans l'histoire du prophète Sulaiman (Salomon), qui a reçu le pouvoir d'ordonner aux djinn de construire des structures et d'effectuer des tâches. Cependant, les enseignements islamiques mettent en garde contre la recherche de l'aide des djinns, car elle est souvent liée au shirk (associer des partenaires à Allah), un péché grave.

Les djinns dans le folklore pakistanais

Au Pakistan, les djinns occupent une place centrale dans le folklore, où ils sont à la fois craints et respectés. Le récit culturel entourant les djinns est influencé par les enseignements religieux, les traditions locales et les superstitions régionales.

Habitat des Djinns :
On pense que les djinns habitent des endroits déserts, notamment des cimetières, des ruines, des forêts et des puits abandonnés.
On pense également que les plans d'eau, tels que les rivières et les étangs, sont favorisés par les jinns. Beaucoup pensent que déranger ces zones sans précaution peut provoquer leur colère.
Les djinns dans les croyances rurales :

Dans les zones rurales, les djinns sont souvent accusés d'événements inexplicables, tels que des maladies soudaines, de mauvaises récoltes ou la mort du bétail. Les gens racontent des histoires de churails ou de bhutts, des esprits féminins que l'on croyait être des djinns ou des entités contrôlées par les djinns.

Interprétations culturelles :

On pense que les djinns épousent des humains ou s'attachent à eux, en particulier dans les cas où quelqu'un s'immisce par inadvertance dans leur espace.

On pense que certains djinns gardent des trésors cachés, ce qui incite les chasseurs de trésors à utiliser la magie noire pour les invoquer.

La pratique de l'invocation des djinns est un thème central de la magie noire pakistanaise. Les pratiquants, souvent appelés Aamils ou sorciers, prétendent avoir la capacité d'invoquer les djinns à diverses fins, notamment la vengeance, la richesse ou l'influence.

Offrandes et rituels :

Sacrifice de sang : L'offrande la plus courante est le sang d'animaux, tels que des chèvres ou des poulets, pour attirer l'attention des djinns.

Incantations : Les récitations dans des langues anciennes ou obscures sont censées communiquer avec les djinns. Certains impliquent des versets coraniques, souvent déformés à des fins néfastes.

Cérémonies de minuit : Les rituels sont généralement effectués à minuit dans les cimetières ou les lieux abandonnés, où la frontière entre les mondes est censée être la plus mince.

Outils du Rituel :

Un cercle de sel, de terre de cimetière ou de cendres est dessiné pour confiner les djinns.

Des objets comme des miroirs ou des bougies noires sont utilisés pour concentrer l'énergie et guider les djinns dans le domaine physique.

Dangers de l'invocation :

Les pratiquants risquent de perdre le contrôle de l'entité invoquée, ce qui conduit à la possession ou à un préjudice spirituel.

Les djinns peuvent exiger des offrandes supplémentaires ou punir l'invocateur pour ce qu'il perçoit comme un manque de respect.

Cas célèbres de possession de djinns

Les histoires de possession de djinns sont répandues au Pakistan, faisant souvent la une des journaux et suscitant la fascination du public.

Le cas de la jeune mariée (Karachi, 2014) :
Une jeune mariée a montré un comportement erratique et a parlé d'une voix inconnue. Sa famille a affirmé qu'elle était possédée par un djinn en colère contre une perturbation près de son habitat.
La famille a demandé l'aide d'un Aamil, qui a pratiqué un exorcisme en récitant des versets coraniques.
L'école hantée (Lahore, 1997) :
Une école de filles aurait été en proie à un djinn après qu'un enseignant ait accidentellement marché sur sa maison. Les élèves ont rapporté avoir entendu des chuchotements et vu des ombres.

La communauté locale a invité un érudit religieux à nettoyer la zone, ce qui aurait résolu le problème.

Cas tragique d'exorcisme mortel (Sindh, 2015) :

Une famille a cru que leur fils adolescent était possédé et l'a emmené chez un Aamil. Au cours de l'exorcisme, le garçon est mort d'un traumatisme physique, soulevant des inquiétudes quant aux pratiques contraires à l'éthique dans les exorcismes.

Les conséquences de l'interférence des djinns

Invoquer ou interagir avec des djinns comporte de profonds risques, affectant les individus, les familles et les communautés.

Conséquences personnelles :

Les invocateurs signalent souvent de la fatigue, des cauchemars ou des maladies résultant de représailles de jinns ou d'un contrecoup spirituel.

L'implication à long terme dans de telles pratiques peut conduire à une vulnérabilité spirituelle, rendant le pratiquant susceptible d'autres dommages.

Impact familial:

Les familles peuvent éprouver une division ou un traumatisme en raison des comportements d'une personne influencée par un djinn ou en raison de l'exploitation financière par des pratiquants frauduleux.

Effets sociétaux :

Dans les communautés rurales, les accusations de malédictions ou de possessions liées aux djinns peuvent conduire à la violence, à l'ostracisme ou même au meurtre.

Le fait de s'appuyer sur des explications basées sur les djinns pour les malheurs personnels ou sociaux détourne souvent l'attention de problèmes sous-jacents tels que la santé mentale ou les défis économiques.

Le rôle des djinns dans la magie noire met en évidence le pouvoir durable de la croyance en le surnaturel dans la culture pakistanaise. Bien que les histoires de djinns évoquent la fascination et la peur, elles servent également de reflet des luttes sociétales contre la foi, la moralité et l'inconnu. Alors que les individus et les communautés continuent de naviguer dans ces récits, l'équilibre entre le respect de la tradition et l'adoption de la rationalité reste crucial.

16 « Zindagi Ka Qaidi » (Prisonnier de la vie)

Description:
Un sort interdit conçu pour piéger l'âme d'une personne, la rendant physiquement vivante mais spirituellement enchaînée. La victime devient l'ombre d'elle-même, incapable de prendre des décisions indépendantes ou d'échapper à l'influence du lanceur de sorts. Ce sort est chuchoté dans le folklore rural, craint pour sa capacité à transformer des vies vibrantes en coquilles vides.

But:
Le sort est généralement lancé pour :

Contrôlez les décisions, les pensées ou les actions de la cible.
Vengez-vous en réduisant la cible à l'état de marionnette sans vie.
Éliminez la résistance ou l'indépendance dans les relations ou les rivalités.
Ingrédients:

Bougie noire : Représente l'obscurité enveloppant l'âme de la victime.

Objet personnel de la victime : Une photographie, une mèche de cheveux ou un vêtement pour établir un lien avec son âme.

Sol de cimetière : Symbolise l'enterrement de la liberté spirituelle de la victime.

Chaîne ou fil de fer rouillé : Utilisé pour lier l'âme métaphoriquement.

Un miroir : Reflète l'esprit de la victime alors qu'elle est piégée.

Sept gouttes de sang du lanceur de sorts : Pour sceller le sort avec une force vitale.

Fil rouge : Pour faire des nœuds représentant les chaînes de la victime.

Invocation:

Le lanceur récite ce qui suit en ourdou tout en accomplissant le rituel :

« Rooh tere qaid hai,

Zindagi tere haath se baahir hai,

Meri marzi teri raah hai,

Tera irada ab mitti mein dafn hai.

(Traduction :

« Ton âme est emprisonnée,

La vie est au-delà de ta portée,

Ma volonté est ton chemin,

Votre intention est maintenant enfouie dans le sol.

Horaire:

Le sort doit être jeté sur une lune décroissante (la période où la lune diminue en taille), symbolisant la diminution de l'autonomie et de la liberté spirituelle de la victime. Minuit le jeudi est considéré comme le moment le plus efficace, car il est traditionnellement lié aux pratiques spirituelles.

Réalisation:

Préparation:

Choisissez un endroit isolé, de préférence près d'un cimetière ou d'un espace abandonné.

Créez un cercle avec de la terre de cimetière et placez la bougie noire au centre.

Lier l'âme :

Placez l'objet personnel de la victime devant la bougie, avec la chaîne de fer rouillé enroulée autour d'elle.
Récitez l'Invocation tout en faisant couler les sept gouttes de sang sur le sol entourant l'objet.
Allumez la bougie et fixez-vous dans le miroir, en visualisant l'esprit de la victime piégé et lié par la chaîne.
Scellement du sort :
Attachez le fil rouge autour de la chaîne, en faisant sept nœuds. À chaque nœud, répétez :
« Tujh par meri zanjeer, teri rooh meri taabe hai. »
(« Ma chaîne est sur toi, ton âme est sous mon commandement. »)
Enterrez le miroir, la chaîne et le fil dans le sol du cimetière pour finaliser l'emprisonnement.
Geste final :
Éteignez la bougie et dispersez du sel autour du site pour éloigner les esprits interférents. Quittez la zone sans regarder en arrière, car on pense que faire demi-tour invite à des représailles spirituelles.

Briser le sort :

La liberté de la victime ne peut être restaurée qu'en déterrant les objets enterrés et en brisant la chaîne tout en effectuant un contre-rituel avec de l'eau bénite ou des prières.

Conséquences pour le lanceur de sorts :
Ce sort fait payer un lourd tribut au lanceur. Un contrôle prolongé sur une autre âme peut épuiser la vitalité du lanceur de sorts, le laissant physiquement et spirituellement affaibli. De plus, si le sort est perturbé, le lanceur risque d'être hanté ou attaqué spirituellement par les forces invoquées.

Implications morales :
Zindagi Ka Qaidi est un sort enraciné dans la manipulation et le contrôle, reflétant les coins les plus sombres de l'intention humaine. Son statut interdit sert d'avertissement sur les conséquences dévastatrices de l'altération de l'âme d'autrui.

17 « Aag-e-Rooh » (Le feu de l'âme)

Description:

Un sort dangereux qui brûle la paix intérieure d'une personne, provoquant un tourment mental et émotionnel intense. La victime fait des cauchemars incessants, des accès de rage soudains et un sentiment de désespoir accablant. Les pratiquants pensent que ce sort est parmi les plus vengeurs, car il ne laisse aucune trace physique mais détruit la victime de l'intérieur.

But:

Le sort est généralement lancé pour :

Punir quelqu'un émotionnellement et mentalement sans confrontation physique.

Se venger d'une manière qui laisse la victime impuissante et isolée.

Forcez la cible à perdre le contrôle de sa vie, de ses relations ou de sa santé mentale.

Ingrédients:

Bougie rouge : Représente le feu du tourment et de la tourmente émotionnelle.

Nom ou photographie de la victime : Personnalise le sort, en le liant à la cible.

Cendres de bois ou de papier brûlé : Symbolise la destruction et la décomposition.

Sept piments rouges séchés : Représentent la rage ardente et le tourment.

Un bol d'eau noire : Reflète la paix intérieure de la victime, qui doit être « bouillie ».

Une aiguille ou une épingle : Utilisé pour « percer » l'âme de la victime métaphoriquement.

Une mèche de cheveux ou d'appartenance de la victime : Crée un lien direct avec la cible.

Invocation:

Le lanceur récite ce qui suit en ourdou tout en accomplissant le rituel :

"Tere andar ki aag bhadke,

Tere armaan mitti ban jaaye,

Tere khwab raakh ho jaayein,

Aag-e-rooh ab shuru ho.

(Traduction :

« Que le feu qui est en vous s'allume,

Que tes désirs se transforment en poussière,
Que tes rêves deviennent des cendres,
Le feu de l'âme commence maintenant.

Horaire:
Le sort est plus efficace lorsqu'il est lancé à la pleine lune, symbolisant des énergies accrues. Minuit un mardi est préféré, car il est traditionnellement associé aux conflits et aux énergies ardentes.

Réalisation:
Préparation:
Choisissez un endroit isolé, idéalement à l'extérieur, où le clair de lune est visible.
Créez un cercle avec des cendres et placez le bol d'eau noire au centre.
Allumer le feu :
Allumez la bougie rouge et placez-la près du bol.
Ajoutez la mèche de cheveux ou les effets personnels de la victime dans l'eau, en visualisant sa paix intérieure en train de se dissoudre.
Percer l'âme :

Tenez l'aiguille au-dessus de la flamme de la bougie tout en récitant l'Invocation.

Jetez l'aiguille dans l'eau, en l'imaginant transperçant l'âme de la victime et allumant un feu de tourment en elle.

Scellement du sort :

Ajoutez les piments rouges séchés à l'eau, symbolisant l'agonie émotionnelle et mentale.

Mélangez le mélange avec les cendres tout en chantant l'Invocation trois fois.

Geste final :

Éteignez la bougie et enterrez le bol et son contenu dans un endroit caché, en vous assurant que le sort reste actif. Quittez la zone sans parler ni regarder en arrière.

Briser le sort :

La victime peut contrer ce sort en nettoyant son aura par des rituels tels que des bains d'eau salée, la récitation des écritures saintes (par exemple, la sourate Al-Falaq et la sourate An-Nas) et la combustion d'encens protecteur.

Conséquences pour le lanceur de sorts :

Effectuer Aag-e-Rooh peut laisser le lanceur spirituellement épuisé et émotionnellement instable, car le sort nécessite une concentration intense et la canalisation des émotions négatives. S'il est perturbé, l'énergie ardente du sort peut rebondir, tourmentant le lanceur à sa place.

Implications morales :
Ce sort met en évidence le potentiel destructeur d'avoir des intentions vengeresses. Il sert de rappel que la manipulation de la paix intérieure de quelqu'un peut entraîner des conséquences involontaires et irréversibles pour la victime et le lanceur de sorts.

18 « Bayaan-e-Khauf » (Voix de la peur)

Un sort sinistre qui implante des peurs profondes et irrationnelles dans l'esprit de la cible, la rendant incapable de fonctionner normalement. La victime devient terrifiée par des objets, des personnes ou des situations de tous les jours, ce qui conduit à l'isolement social et à l'effondrement émotionnel.

But:

Affaiblir un ennemi en érodant sa stabilité mentale.
Isoler la cible de ses cercles sociaux par un comportement irrationnel.
Se venger d'une manière qui ne laisse aucune preuve physique, faisant paraître la victime instable ou délirante.
Ingrédients:
Une plume de corbeau : Symbolise la peur et les mauvais présages.
Une bougie noire : Représente l'ombre de la terreur qui enveloppe la cible.
Photographie ou nom de la victime écrit sur parchemin : Pour lier le sort à la cible.
Sept gouttes d'encre : Représente les pensées sombres et le piège mental.
Un éclat de miroir : Renvoie les peurs de la cible sur elle-même.
Sol du cimetière : Ancre la peur dans l'esprit de la cible.

Un bol de vinaigre : Symbolise l'aigreur de la tranquillité d'esprit de la victime.

Invocation:

Le lanceur chante ce qui suit en ourdou :

"Teri har soch ka saya,

Tera har qadam khauf ka jahan,

Teri zindagi andheron ke hawale,

Bayaan-e-khauf tera mukammal hai.

(Traduction :

« L'ombre de chacune de tes pensées,

Chacun de vos pas appartient au monde de la peur,

Ta vie est livrée aux ténèbres,

La voix de la peur est complète sur vous.

Horaire:

Le sort est plus puissant lorsqu'il est lancé une nuit sans lune, symbolisant l'obscurité totale et la peur. On pense que minuit un samedi renforce le lien avec les forces de l'ombre.

Réalisation:

Préparation:
Créez un environnement isolé et faiblement éclairé, de préférence dans un endroit calme et abandonné.
Placez la bougie noire au centre d'un cercle fait de terre de cimetière.
Concentrez-vous sur la cible :
Placez la photo ou le nom écrit de la victime devant la bougie.
Disposez la plume de corbeau et l'éclat de miroir autour de la photo, créant ainsi une formation triangulaire.
Lancer le sort :
Allumez la bougie noire et versez sept gouttes d'encre sur la photo, chaque goutte symbolisant un aspect de la vie de la cible qui sera consumé par la peur (par exemple, les relations, le travail, la santé).
Tenez le bol de vinaigre et faites-le tourner dans le sens inverse des aiguilles d'une montre tout en chantant l'Invocation, en imaginant la tranquillité d'esprit de la victime se dissolvant dans le chaos.
Sceller la peur :
Trempez la plume de corbeau dans le vinaigre et étalez-la sur la photo, symbolisant la propagation de la terreur.

Brûlez la photo ou le parchemin dans la flamme de la bougie tout en répétant l'Invocation trois fois.

Geste final :

Enterrez les cendres et les objets restants (plume, éclat de miroir) dans le sol du cimetière pour lier définitivement le sort à la cible.

Briser le sort :

La victime peut briser ce sort par des rituels de purification spirituelle, tels que se baigner dans de l'eau salée infusée de pétales de rose et réciter des prières protectrices (par exemple, la sourate Al-Falaq et la sourate An-Nas). Localiser et détruire les objets enterrés avec du feu consacré ou de l'eau bénite annule également la malédiction.

Conséquences pour le lanceur de sorts :

Le lanceur risque un retour de bâton spirituel si le sort n'est pas exécuté correctement ou si la cible recherche une intervention divine. L'énergie persistante de la peur peut commencer à hanter le lanceur de sorts, se manifestant par des cauchemars ou de la paranoïa.

Implications morales :

« Bayaan-e-Khauf » est un sort d'une cruauté extrême, reflétant les coins les plus sombres de l'intention humaine. Son statut interdit est un rappel des limites éthiques franchies lorsqu'il s'agit d'altérer le bien-être mental et émotionnel d'autrui.

19 « Zawal-e-Nasib » (Chute de la fortune)

Description:

Une puissante malédiction qui détruit le succès et la chance de la cible, faisant en sorte que chaque opportunité qu'elle poursuit se termine par un échec. Ce sort est craint pour sa capacité à apporter la ruine complète à la vie d'une personne.

But:

Pour provoquer un effondrement financier, une stagnation de carrière ou des échecs répétés.
Pour ruiner les relations personnelles de la cible par des malentendus et des disputes.

Pour détruire la réputation de la cible, la laissant isolée et impuissante.

Ingrédients:

Une clé brisée : Symbolise les opportunités verrouillées et les chemins bloqués.

Une bougie noire : Représente l'extinction de la chance et de la prospérité.

Sol du cimetière : Lie la malédiction au royaume du désespoir et de la stagnation.

Sept petites pierres : représentent les obstacles placés sur le chemin de la cible.

Les effets personnels d'une victime : des cheveux, une photographie ou un objet personnel pour lier la malédiction à la cible.

Un morceau de fruit pourri : Symbolise la décomposition et la détérioration de la fortune.

Un bol de vinaigre : Utilisé pour gâcher la chance de la cible.

Invocation :

Le lanceur récite ce qui suit en ourdou :

"Tere naseeb ka sitara bujh gaya,

Tere iradon ka safar band hai,

Har raah teri girti hai,
Zawal-e-nasib ab shuru hai.

(Traduction :
"L'étoile de ta fortune s'est éteinte,
Le voyage de vos intentions est bloqué,
Chaque chemin que tu empruntes s'effondre,
La chute de la fortune commence maintenant.

Horaire:
Le sort doit être exécuté pendant une lune décroissante, symbolisant la diminution de l'énergie et de la chance. Minuit un mardi ou un samedi, jours traditionnellement associés aux obstacles, est considéré comme idéal pour une puissance maximale.

Réalisation:
1. Préparation :

Choisissez un endroit isolé, de préférence à l'extérieur ou près d'un cimetière.

Créez un cercle avec de la terre de cimetière et placez la bougie noire au centre.

2. Définir la malédiction :

Placez les effets personnels de la victime au centre du cercle avec la clé cassée et les fruits pourris.

Disposez les sept petites pierres autour de l'appartenance de la victime pour symboliser les obstacles à créer dans sa vie.

3. Réciter la malédiction :

Allumez la bougie noire et concentrez-vous sur la victime, en imaginant son succès et sa fortune s'effondrer.

Versez du vinaigre sur les fruits pourris tout en récitant l'Invocation, visualisant la vie de la cible qui s'aigrit à chaque goutte.

4. Sceller le sort :

Enterrez les pierres, la clé cassée et les fruits pourris près de la maison de la victime, de son lieu de travail ou d'un endroit important pour sa vie.

Éteignez la bougie et dispersez du sel dans la zone pour éviter d'interférer avec les effets de la malédiction.

Briser le sort :

La victime peut contrer la malédiction en :

Localiser et détruire les objets enterrés : Déterrer et brûler les objets maudits, puis purifier le site avec de l'eau bénite ou du sel.
Purification spirituelle : Effectuer des rituels tels que réciter la sourate Al-Baqarah ou Ayat-ul-Kursi et se baigner dans de l'eau salée.
Demander l'aide d'un guérisseur religieux : Consulter un expert pour éliminer le poids spirituel de la malédiction.
Conséquences pour le lanceur de sorts :

Le casting de Zawal-e-Nasib coûte cher. Le lanceur risque un contrecoup karmique, où sa propre fortune peut diminuer ou les énergies de la malédiction peuvent échouer, ce qui a un impact sur sa vie. Les forces obscures invoquées peuvent exiger d'autres offrandes, laissant le lanceur de sorts spirituellement vulnérable.

Implications morales :

Cette malédiction est un acte profondément destructeur qui reflète l'intention du lanceur d'anéantir la vie d'une autre personne. Son statut interdit sert de mise en garde contre les dangers de l'altération du destin et les conséquences dévastatrices de la vengeance.

20 « Sehar-e-Sannata » (Le silence de l'esprit)

Description:

« Sehar-e-Sannata » est un sort interdit conçu pour faire taire la voix, l'influence et la présence d'une personne dans tous les aspects de sa vie. La victime devient socialement et émotionnellement invisible, incapable de communiquer efficacement ou d'attirer l'attention des autres. Ce sort est redouté pour sa capacité à effacer l'impact d'une personne sur le monde tout en la laissant physiquement présente.

But:

Faire taire un rival ou un critique en le rendant inécouté et inaperçu.

Pour dépouiller la cible de son influence, en veillant à ce que ses opinions, ses idées ou ses actions soient ignorées.

Isoler socialement la victime, la laissant se sentir impuissante et invisible.

Ingrédients:

Une rose séchée : Symbolisant la beauté ou la voix qui se flétrit dans le silence.

Un fil noir : Utilisé pour lier la voix et la présence de la victime.

Photographie ou nom d'une victime écrit sur papier : Pour lier le sort à la cible.

Cendres de bois brûlé : Représentant la perte de vitalité et de présence.

Un bol de lait qui a tourné au vinaigre : Symbolisant les relations et la communication gâtées.

Une cloche ou un sifflet cassé : Représente l'incapacité d'être entendu.

Une bougie blanche : Utilisée pour sceller le sort en éteignant la « lumière » de la cible.

Invocation :

Le lanceur murmure en ourdou :

"Teri aawaz hawa mein gum ho,
Teri baat har raah mein band ho,
Zindagi mein sannata chhaaye,
Sehar-e-sannata ab poora ho.

(Traduction :

"Ta voix se perd dans le vent,
Tes paroles sont bloquées sur tous les chemins,
Le silence descend sur ta vie,
Le silence de l'esprit est maintenant complet.

Horaire:

Le sort doit être jeté par une nuit sans lune pour symboliser le silence complet et l'absence de lumière. Minuit un jeudi est considéré comme le moment le plus puissant pour cette période.

Réalisation:

1. Préparation :

Choisissez un endroit isolé, de préférence près d'une zone déserte ou d'un carrefour.
Placez la bougie blanche au centre d'un petit cercle dessiné avec des cendres.

2. Lier la voix :

Enroulez la rose séchée et la cloche ou le sifflet cassé dans le fil noir, en faisant trois nœuds tout en vous concentrant sur le silence de la victime.
Placez les articles emballés dans le bol de lait aigre, en imaginant la voix de la victime « noyée ».

3. Lancer le sort :

Allumez la bougie blanche et tenez la photo ou le nom de la victime au-dessus de la flamme tout en récitant l'Invocation.
Versez le lait aigre sur les cendres dans le cercle, visualisant la présence de la victime s'estompant.

4. Sceller le silence :

Éteignez la bougie en l'enfonçant dans le lait aigre, symbolisant l'extinction de la voix de la victime. Enterrez le bol avec son contenu dans un endroit caché, comme sous un arbre ou près d'un puits.

Briser le sort :

La malédiction peut être brisée par :

Trouver et déterrer le bol : Détruire son contenu en récitant des contre-prières ou des Invocations.
Effectuer des rituels de nettoyage : Se baigner dans de l'eau salée ou utiliser de l'encens protecteur pour éliminer les effets persistants.
Recherche d'une intervention divine : Consulter un guérisseur spirituel ou un chef religieux pour obtenir de l'aide.
Conséquences pour le lanceur de sorts :

L'invocation de Sehar-e-Sannata a un prix élevé. Si le sort se retourne contre lui, le lanceur risque de perdre sa propre voix, son influence ou sa présence sociale. De plus, les énergies du silence peuvent attirer des esprits malveillants qui se nourrissent de l'isolement, mettant ainsi davantage en danger le lanceur de sorts.

Implications morales :

Ce sort reflète le pouvoir destructeur de l'envie et de la vengeance. Sa nature interdite est un avertissement contre l'effacement de l'essence d'une autre personne, car elle risque de démêler la propre humanité du lanceur dans le processus.

21 « Nishan-e-Maut » (Marque de la mort)

« Nishan-e-Maut » est un sort terrifiant et interdit utilisé pour marquer un individu d'une mort prématurée et mystérieuse. Ce sort est chuchoté par la peur, car on pense qu'il invoque des forces obscures pour suivre la victime, provoquant une série de malheurs qui conduisent finalement à sa disparition. Le sort ne laisse aucune trace physique, ce qui donne l'impression que la mort est naturelle ou accidentelle.

But:

Pour se venger ultimement en mettant fin à la vie de la cible.

Pour éliminer les obstacles (par exemple, un rival ou un ennemi) d'une manière qui ne peut pas être retracée jusqu'au lanceur.

Pour susciter la peur et l'effroi chez ceux qui soupçonnent qu'ils pourraient être les prochains.

Ingrédients:

Une plume noire : Symbolisant l'ombre de la mort.

Sang d'animal (chèvre ou poulet) : Utilisé pour sceller le pacte avec des forces mortelles.

Photographie ou nom écrit d'une victime : Relie la malédiction directement à la cible.

Sol du cimetière : Représente le dernier lieu de repos, attirant la cible vers la mort.

Une horloge cassée : Symbolisant la cessation du temps pour la victime.

Sept branches épineuses : Représentent le douloureux voyage vers la mort.

Un bol d'eau noircie : Eau mélangée à des cendres ou à du charbon de bois, symbolisant la perte de clarté et de vie.

Invocation :

Le lanceur chante ce qui suit en ourdou :

"Zindagi ki har saans ghat jaaye,

Har raah maut ki tarah modh jaaye,

Teri taqdeer ka anjaam,

Nishan-e-maut tera naam.

(Traduction :

« Que tout souffle de vie diminue,

Que tout chemin tourne vers la mort,

La fin de ton destin,

La marque de la mort porte ton nom.

Horaire:

Le sort est jeté une nuit de nouvelle lune, symbolisant l'obscurité et l'absence de vie. Minuit est l'heure préférée, comme on pense que c'est le moment où le voile entre les mondes est le plus mince.

Réalisation :

1. Préparation :

Choisissez une zone désolée, de préférence près d'un cimetière ou d'un site abandonné.
Dessinez un cercle avec de la terre de cimetière et placez le bol d'eau noircie au centre.

2. Marquage de la cible :

Placez la photo ou le nom écrit de la victime dans le bol d'eau.
Entourez le bol avec les branches épineuses, formant une barrière de douleur et de souffrance.

3. Invoquer le sort :

Trempez la plume noire dans le sang de l'animal et versez-la sur la photo ou le nom tout en chantant l'Invocation.
Visualisez la vie de la victime éclipsée par la mort, sa vitalité s'estompant à chaque goutte.

4. Sceller la malédiction :

Brisez l'horloge cassée en morceaux et dispersez-la autour du cercle, symbolisant la fin du temps de la victime.

Éteignez toutes les lumières et laissez la zone dans l'obscurité totale sans regarder en arrière.

Conclusion :

Briser le sort :

La malédiction peut être annulée par :

Localiser et détruire les objets rituels : Trouver le bol, les pièces de l'horloge et la photo/le nom et les brûler avec de l'eau bénite ou du sel.

Effectuer des prières de purification : Réciter des versets protecteurs comme la sourate Al-Baqarah ou Ayat-ul-Kursi pour protéger la victime du mal.

Recherche d'une intervention spirituelle : Consulter un guérisseur ou un chef religieux pour combattre les forces malveillantes invoquées.

Conséquences pour le lanceur de sorts :

Ce sort est parmi les plus dangereux, car il traite directement de la mort et des entités sombres. Le lanceur de sorts risque de graves représailles spirituelles, y compris la hantise, la maladie ou même sa propre vie si le rituel est interrompu ou si le pacte est rompu.

Implications morales :

« Nishan-e-Maut » est un sort de finalité absolue, reflétant les désirs les plus sombres de vengeance et de pouvoir. Sa nature interdite sert d'avertissement sur le prix ultime de l'altération de la vie ou de la mort, car on pense qu'une telle ingérence ne peut rester impunie.

22 « Shab-e-Faraaq » (Nuit de la Séparation)

Description:
« Shab-e-Faraaq » est un sort interdit conçu pour créer des fossés irréparables entre deux personnes, qu'elles soient amantes, amies ou membres de la famille. Le sort favorise une méfiance profonde, de l'amertume et de l'animosité, faisant en sorte que la relation s'effondre au-

delà de toute réparation. Pratiqué en secret, ce sort est connu pour sa subtilité, car il manipule les émotions et les perceptions pour rendre la séparation inévitable.

But:
Pour détruire une relation amoureuse, un mariage ou un lien étroit.
Isoler la victime en coupant ses liens émotionnels les plus forts.
Pour se venger en laissant la cible seule et émotionnellement brisée.
Ingrédients:
Une photographie déchirée des deux personnes : Représente le lien brisé.
Deux bougies rouges : Symbolisent l'intensité de la relation et sa dissolution ardente.
Un bol de vinaigre et de sel : Représente l'aigreur et l'amertume.
Fil noir : Utilisé pour lier et rompre le lien émotionnel.
Sept quilles : Représentent des mots, des actions ou des malentendus tranchants qui alimentent la rupture.

Un fruit pourri : Symbolise la décadence de la confiance et de l'affection.

Cendres de bois ou de papier brûlés : Représentent la destruction de l'harmonie.

Invocation:

Le lanceur récite ce qui suit en ourdou :

"Dil ke armaan rakh mein dhal jaayein,

Har lafz teer ban ke lage,

Teri raah uski raah se alag,

Shab-e-faraaq ab haqeeqat hai.

(Traduction :

« Que les désirs du cœur se transforment en cendres,

Que chaque mot frappe comme une flèche,

Ton chemin diverge du leur,

La nuit de la séparation est maintenant une réalité.

Horaire:

Le sort est plus efficace lors d'une nuit de lune croissante, symbolisant la croissance progressive de la méfiance et de la discorde. Minuit un vendredi est considéré comme idéal, car il est associé à des émotions et des relations accrues.

Réalisation:
1. Préparation :

Choisissez un endroit calme et isolé pour le rituel.
Placez la photographie déchirée au centre d'un cercle fait de cendres.
2. Création de la faille :

Allumez les deux bougies rouges et placez-les sur les côtés opposés de la photographie, symbolisant les deux individus.
Attachez le fil noir autour de la photo tout en chantant l'Invocation, en visualisant le lien se tendre et se déchirer.
3. Favoriser l'amertume :

Percez la photo avec les sept épingles, en imaginant des mots et des actions tranchants séparant les deux personnes.

Versez du vinaigre et du sel sur le fruit pourri, symbolisant la décadence de la confiance et de l'affection, et placez-le près de la photo.

4. Sceller le sort :

Éteignez les bougies une à la fois en répétant :
« Alag rahein, kabhi saath na aayein. »
(Restez à l'écart, qu'ils ne se réunissent jamais.)
Enterrez la photo, les épingles et les fruits sous un arbre épineux pour vous assurer que la faille est permanente.

Conclusion:

Briser le sort :

Localiser et déterrer les objets enterrés : Récupérez la photo et les épingles, et brûlez-les avec de l'eau bénite ou de l'encens protecteur.

Rituels de purification : Récitez des prières protectrices, telles que la sourate Al-Falaq et la sourate An-Nas, et aspergez d'eau bénite les deux personnes impliquées.

Reconstruire le lien : Encouragez la communication ouverte et la médiation entre les parties affectées pour contrer la manipulation émotionnelle du sort.

Conséquences pour le lanceur de sorts :

Le casting de Shab-e-Faraaq est très risqué, car la négativité générée peut rebondir, entraînant une détérioration des relations du lanceur. Les forces obscures invoquées peuvent également exiger d'autres offrandes, laissant le lanceur vulnérable aux troubles spirituels.

Implications morales :

Ce sort reflète le pouvoir destructeur de l'envie et de la vengeance, ciblant l'un des aspects les plus sacrés de la vie humaine : les relations. Sa nature interdite souligne le poids moral de la manipulation des liens qui unissent les gens, entraînant souvent des conséquences inattendues pour toutes les personnes concernées.

Conclusion

La magie noire au Pakistan occupe un espace unique où le folklore, la religion et la superstition s'entremêlent pour créer un monde à la fois craint et fascinant. Qu'il s'agisse d'avertissements chuchotés sur le mauvais œil ou de rituels complexes de la magie du Kabristan, ces pratiques mettent en lumière une société aux prises avec l'inconnu, à la recherche de réponses aux complexités de la vie par des moyens à la fois mystiques et interdits.

À la base, la magie noire sert de miroir à la nature humaine, reflétant nos peurs, nos désirs et nos dilemmes moraux les plus profonds. Il expose jusqu'où les gens sont prêts à aller dans leur quête de pouvoir, de contrôle ou de vengeance, souvent au détriment de leur propre humanité. Alors que certains y voient un outil de survie ou de justice, d'autres le voient comme une force obscure qui invite au chaos et à la destruction.

Introduction 3
Histoire de la magie noire au Pakistan 5
Ingrédients pour la magie noire au Pakistan 9
Précautions 13
Rituel : « Hifazat-e-Rooh » (Protection de l'âme) 14
1. Kala Jadu (Magie noire) 19
2. Taweez Ganda 22
3. Bandish (sort de liaison) 26
4. Hatheli Ka Safar (Voyage dans les palmiers) 30
5. Auraton Ka Jadoo (Magie féminine) 33
6. Nazr-e-Bad (Mauvais œil) 37
7. Possession par les djinns 40
8. Maroond (sort de mort) 44
9. Sifli Amal (Magie basse) 48
10. Invocation de Churail 52
11. Aks Ka Jadoo (Magie du miroir) 56
12. Rituels du Kabristan (magie du cimetière) 60
13. Rukhawat (sort d'obstruction) 63
14. Saza-e-Kabira (Malédiction du péché majeur) 67
15. Khooni Jadu (Magie du sang) 71
Le rôle des djinns dans la magie noire 75
16 « Zindagi Ka Qaidi » (Prisonnier de la vie) 83

17 « Aag-e-Rooh » (Le feu de l'âme) 88
18 « Bayaan-e-Khauf » (Voix de la peur) 92
19 « Zawal-e-Nasib » (Chute de la fortune) 97
20 « Sehar-e-Sannata » (Le silence de l'esprit) 102
21 « Nishan-e-Maut » (Marque de la mort) 107
22 « Shab-e-Faraaq » (Nuit de la Séparation) 112
Conclusion 117